公路施工安全教育系列丛书——工种安全操作
本书为《公路施工安全视频教程》配套用书

隧道工
安全操作手册

广 东 省 交 通 运 输 厅 组织编写
广东省南粤交通投资建设有限公司
中 铁 隧 道 局 集 团 有 限 公 司 主 编

人民交通出版社股份有限公司
China Communications Press Co.,Ltd.

内 容 提 要

本书是《公路施工安全教育系列丛书——工种安全操作》中的一本，是《公路施工安全视频教程》（第五册　工种安全操作）的配套用书。本书主要介绍隧道工安全作业的相关内容，包括：隧道工简介，隧道工岗位职责及安全风险，隧道工基本要求，隧道工作业安全要求，隧道工作业风险应对等。

本书可供隧道工使用，也可作为相关人员安全学习的参考资料。

图书在版编目(CIP)数据

隧道工安全操作手册/广东省交通运输厅组织编写；广东省南粤交通投资建设有限公司，中铁隧道局集团有限公司主编. — 北京：人民交通出版社股份有限公司，2018.12

ISBN 978-7-114-15039-5

Ⅰ. ①隧…　Ⅱ. ①广… ②广… ③中…　Ⅲ. ①隧道施工—安全技术—手册　Ⅳ. ①U458.1-62

中国版本图书馆 CIP 数据核字(2018)第 226229 号

Suidaogong Anquan Caozuo Shouce

书　　名：**隧道工安全操作手册**
著 作 者：广东省交通运输厅组织编写
广东省南粤交通投资建设有限公司　中铁隧道局集团有限公司主编
责任编辑：韩亚楠　张征宇
责任校对：张　贺
责任印制：刘高彤
出版发行：人民交通出版社股份有限公司
地　　址：(100011)北京市朝阳区安定门外外馆斜街 3 号
网　　址：http://www.ccpress.com.cn
销售电话：(010)59757973
总 经 销：人民交通出版社股份有限公司发行部
经　　销：各地新华书店
印　　刷：北京建宏印刷有限公司
开　　本：880×1230　1/32
印　　张：1.75
字　　数：47 千
版　　次：2018 年 12 月　第 1 版
印　　次：2022 年 11 月　第 3 次印刷
书　　号：ISBN 978-7-114-15039-5
定　　价：15.00 元

编委会名单

EDITORIAL BOARD

《隧道工安全操作手册》编 写 人 员

编　　　写： 李和强　邵志龙　周利君

校　　　核： 王立军　刘爱新

版 面 设 计： 伍金新　任红美

致工友们的一封信

LETTER

亲爱的工友:

你们好!

为了祖国的交通基础设施建设,你们离开温馨的家园,甚至不远千里来到施工现场,用自己的智慧和汗水将一条条道路、一座座桥梁、一处处隧道从设计蓝图变成了实体工程。你们通过辛勤劳动为祖国修路架桥,为交通强国、民族复兴做出了自己的贡献,同时也用双手为自己创造了美好的生活。在此,衷心感谢你们!

交通建设行业是国家基础性和先导性行业,也是安全生产的高危行业。由于安全意识不够、安全知识不足、防护措施不到位和违章操作等原因,安全事故仍时有发生,令人非常痛心!从事工程施工一线建设,你们的安全牵动着家人的心,牵动着广大交通人的心,更牵动着党中央及各级党委、政府的心。为让工友们增强安全意识,提高安全技能,规范安全操作,降低安全风险,保证生产安全,我们组织开发制作了以动画和视频为主要展现形式的《公路施工安全视频教程》(第五册　工种安全操作),并同步编写了配套的《公路施工安全教育系列丛书——工种安全操作》口袋书。全套视频教程和配套用书梳理、提炼了工种操作与安全生产相关的核心知识和现场安全操作要点,易学易懂,使工友们能知原理、会工艺、懂操作,在工作中做到保护好自己和他人不受伤害。

请工友们珍爱生命,安全生产;祝福你们身体健康,工作愉快,家庭幸福!

广东省交通运输厅

二〇一八年十月

目录

CONTENTS

1 PART 隧道工简介

隧道工是隧道施工中涉及工作内容最广泛的综合工种，是司钻工、支护工、喷浆工、注浆工等工种的统称。

1.1 隧道工主要工作内容

• 隧道开挖作业面炮眼、系统锚杆眼、超前锚管眼等孔眼施钻。

• 开挖面找顶并进行初支拱架架立，锚杆及超前小导管的安装。

• 钢筋网片铺设、喷射混凝土。

• 锚杆（管）注浆、二衬背后回填注浆的管路连接、浆液配制及压注等作业。

爆破炮眼钻孔

超前小导管钻孔

系统锚杆钻孔

锁脚锚杆钻孔

人工找顶

拱架安装

小导管安装

钢筋网片铺设

喷射混凝土

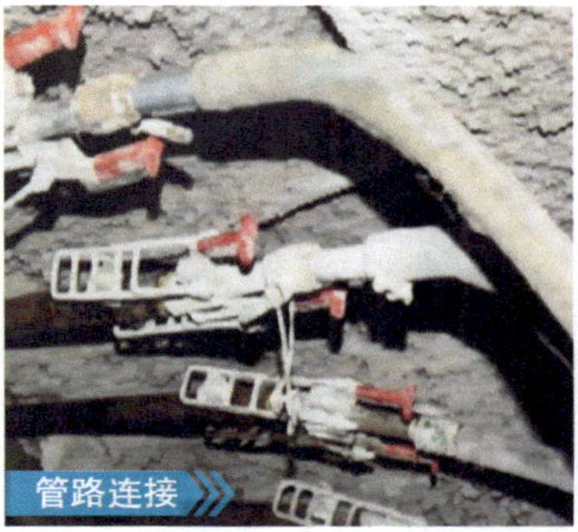
管路连接

注浆

1.2 隧道工常用设备与工具

• 作业台架、凿岩台车、风动凿岩机（俗称风钻，有手持式凿岩机、气腿式凿岩机、伸缩上向式凿岩机及导轨式凿岩机等）。

• 风镐及镐钎、找顶钎、拱架安装机。

• 混凝土湿喷机、混凝土喷射机械手。

• 注浆机。

作业台架

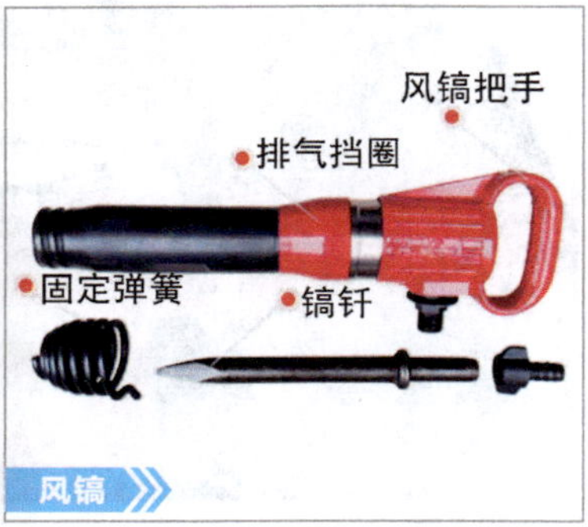

风镐

凿岩台车

拱架安装机

风钻

找顶钎

混凝土湿喷机

注浆管路

湿喷机械手

注浆机

1.3 隧道工常用材料

1.3.1 常用材料

(1)钻杆、钻头。

(2)**一字钻头**:速度快、制造和修磨简单、磨损快、易夹钎。

(3)**十字钻头**:速度慢、孔圆不易卡钻。

(4)**梅花钻头**:硬岩钻眼。

(5)水泥及水玻璃。

钻杆

水泥

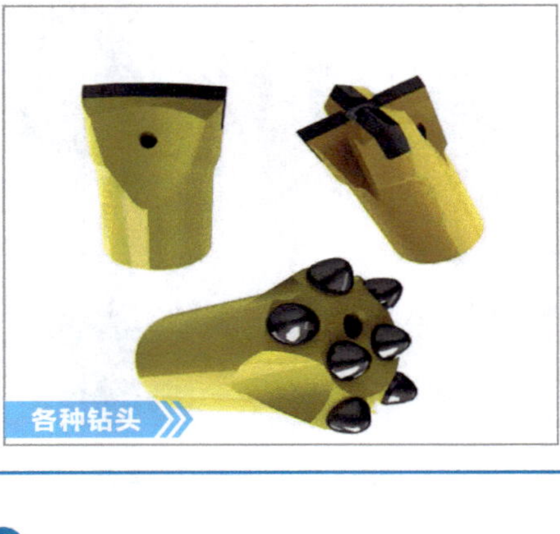
各种钻头

水玻璃

(6)钢筋网片、超前小导管、拱架(型钢拱架、格栅拱架)、锚杆(砂浆锚杆、药卷锚杆、中空注浆锚杆、自进式注浆锚杆等)及锚固剂、喷射混凝土及速凝剂。

1.3.2 常见材料的作用

(1)钢筋网片

钢筋网片的作用:提高喷射混凝土的整体性和柔性,减少其收缩裂纹,防止局部掉块。

钢筋网片网格应按矩形布置,网格一般为15~30cm。

钢筋网片

(2)超前小导管

超前小导管一般采用直径38~50mm的无缝钢管加工,管长3~5m,前端呈圆锥状,除尾端1m范围内,其余管身按20~30cm梅花形布设直径6mm的溢浆孔。沿拱部环向间距30~50cm布置,环向外插角5°~15°打设,纵向搭接长度一般不小于1m。

超前小导管的作用:软弱及破碎岩层拱部预支护及注浆加固。

超前小导管

(3)拱架。

拱架的作用：

①加强限制围岩变形；②作为超前支护的后支点；③承受部分松弛荷载。

拱架与锚杆、钢筋网片、喷射混凝土等组成支护体系，防止坍塌和变形。

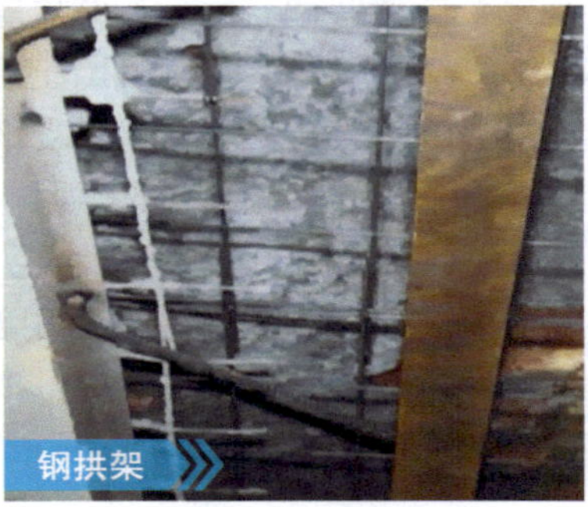

钢拱架

(4)锚杆。

锚杆是用金属杆体(长度一般为 2～4m)打入预先钻好的锚杆孔中，利用其本身的结构及锚固剂或浆液的黏结作用将围岩与稳定岩体结合在一起达到支护的目的。

砂浆锚杆

锚杆的三大作用：

①悬吊作用；②组合梁作用；③加固拱补强作用。

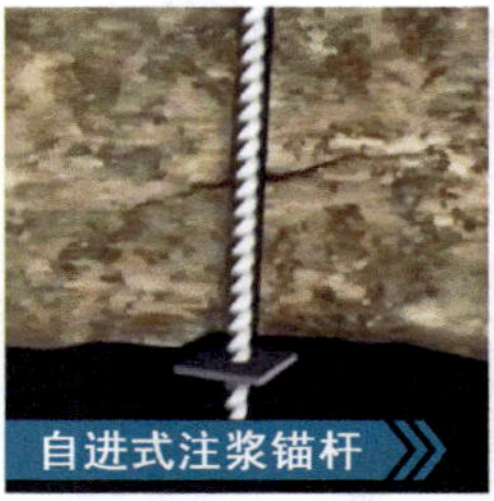

自进式注浆锚杆

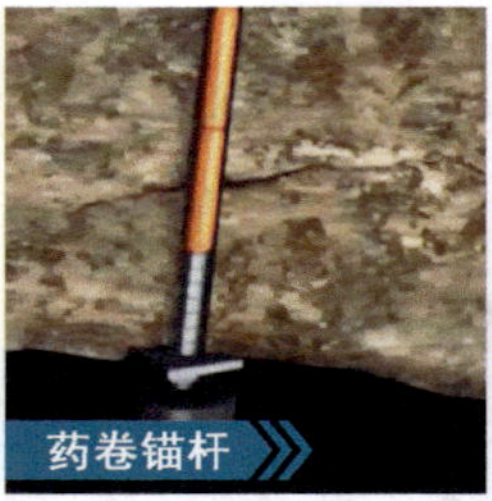

药卷锚杆

砂浆锚杆

(5)喷射混凝土。

喷射混凝土是使用混凝土喷射机,将掺有速凝剂的细石混凝土喷射到岩壁表面,并迅速固结形成支护结构。

喷射混凝土的作用:

①支撑围岩;②卸载作用;③填平补强围岩;④防止围岩风化;⑤改善围岩受力状态。

喷射混凝土

(6)注浆。

注浆是利用注浆机械将浆液(一般分为单液浆、双液浆两种)压注到岩土体中的孔隙、裂隙中,达到改善岩土体物理力学性质的目的。

注浆的作用:

①降低围岩的渗透性,提高其抗渗能力,减少地下水的渗流量;②疏导或堵水,改善施工条件;③改善围岩的力学性能,提高整体性;④充填溶洞、溶槽、裂隙、空洞,防止塌陷。

注浆

2 PART 隧道工岗位职责及安全风险

序号	岗位职责
1	熟练掌握并遵守隧道工安全操作规程，确保施工安全和质量
2	严格执行安全管理规章制度和安全技术交底制度，不违章作业
3	服从现场指挥人员的指令，对违章指挥及强令冒险作业有权拒绝
4	做好所用施工设备、工具的维护保养和保管
5	作业结束后，及时回收工具及余料并在指定位置存放，清理作业现场，保持文明施工

3 PART 隧道工基本要求

年龄

18~55 周岁

身体

- 健康
- 在指定医院体检
- 无职业禁忌

入场

- 接受岗前安全教育培训，并考核合格
- 接受安全技术交底

个人防护

- 规范穿戴个人防护用品

! 禁止穿拖鞋、短裤、赤膊等

作业前

- 确认工作内容
- 检查作业环境安全
- 检查工具及设备是否完好

作业时

- 遵守机具操作规程，遵守劳动纪律

! 禁止带病作业
禁止酒后作业

作业前检查要点：

工作面稳定，危石清除干净，作业平台牢固；台架须设置安全警示标志，临空面设不低于1.2m的栏杆和人员上下爬梯，脚手板满铺并捆扎牢固；工具外观无破损，可正常使用；设备护罩护盖齐全完好，无裸露传动部位；所用电缆无破损、导线无裸露，漏电保护开关测试脱扣灵敏；高压风水管无泄漏，接头牢固，按要求设置防脱措施；机械设备外观完好，无渗水、漏油现象。

❗禁止穿拖鞋、短裤。

⊙ 衣服袖口、下摆及裤管等应扎紧。

⊙ 高空作业须系挂安全带。

⊙ 钻工佩戴耳塞，穿水鞋。

⊙ 添加水玻璃进行双液注浆时，应佩戴耐酸碱的橡胶防护手套、防护眼镜。

4 PART 隧道工作业安全要求

4.1 一般安全要求

(1)参加每班作业前的班前安全讲话。

(2)整理和检查个人防护用品,明确安全要点。

(3)进出隧道应走指定通道或乘坐专用载人车辆。

❗禁止乘坐火工品运输车、物料运输车、装载机、摩托车等。

(4)步行通过台车、台架时先观察后通过。
无关人员不在台架下滞留。

(5)采用高压风作业的设备,高压风软管接头应连接牢固,并设置防脱措施,开风时应平稳缓慢。

❗ 防止软管被高压风冲击脱落甩动伤人。

(6)服从爆破安全防护要求和指令,在安全区域躲避。

爆破防护距离:隧道掌子面≥300m;仰拱两端≥200m;横通道两端≥100m。

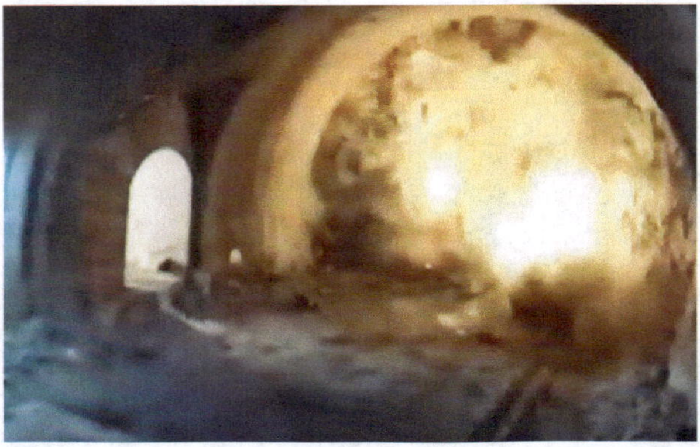

(7)发生开裂、带压出水、异响及掉块坍塌等紧急情况,可能危及人身安全时,应立即撤离,同时报告现场负责人。

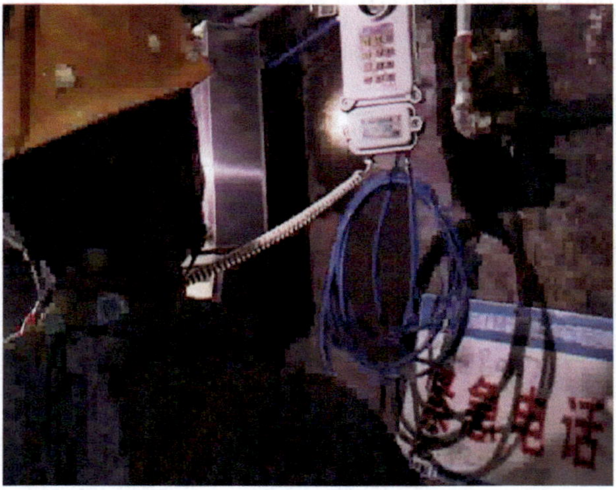

(8)发现盲炮及残余火工品时,应通知爆破员等专业人员进行处理。

❗禁止擅自处理或夹带出生产区。

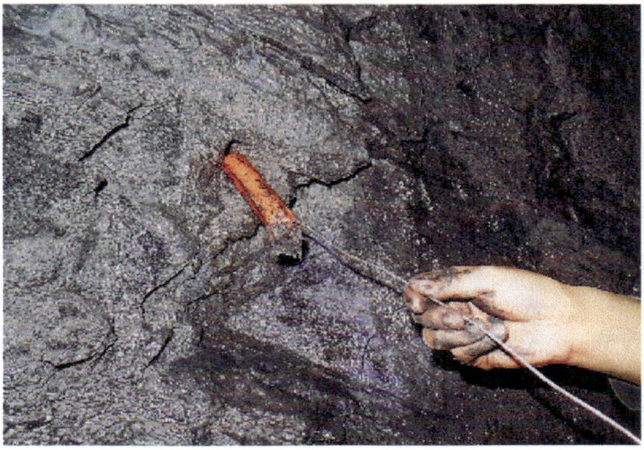

(9)仰拱内作业时,遇有车辆通过栈桥,影响区域内人员必须立即到安全区域避让。

❗防止车辆通过栈桥时倾翻或掉物伤人。

(10)禁止私自进行用电设备线路拆接、检修等作业。

防止发生触电事故。

(11)凿岩台车、喷射机械手等大型设备应由指定的专业人员操作。

防止非专业人员操作发生意外。

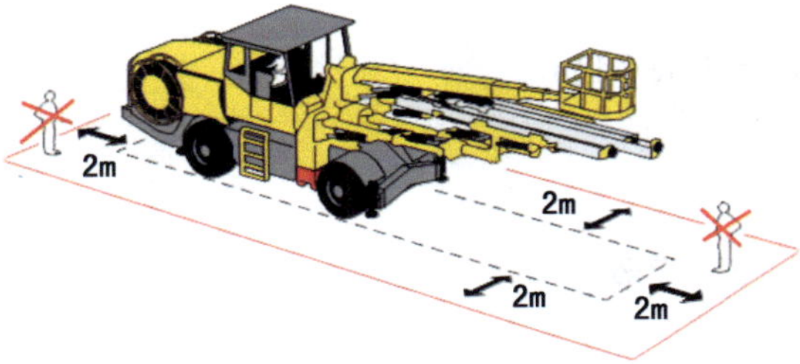

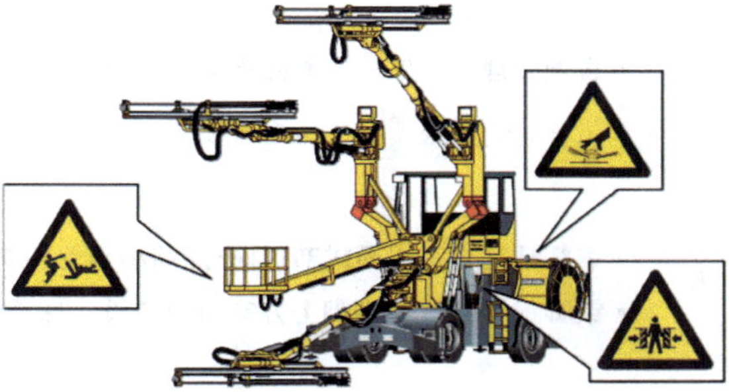

4.2 钻眼

4.2.1 钻眼一般安全要求

1
- 采用湿式钻眼，消除粉尘

❗ 防止引发尘肺病

2
❗ 禁止残眼司钻

❗ 防止引爆残留火工品

3

- 隧道底板司钻应排净积水

❗ 防止误钻残眼

4

- 钻眼完成后方可装药

❗ 防止引爆炸药

5

- 盲炮处理平行钻眼，间距不小于30cm

❗ 严禁与原炮眼斜交

6

- 锚杆钻孔垂直岩面或节理面；超前小导管环向外插角5°~15°
- 锁脚锚杆（管）在拱脚上方30cm处打设，钻孔角度为斜向下30°

4.2.2　人工钻眼安全要求

(1)司钻人员两腿前后错开，保持平衡，扶稳风钻手柄。

❗ 禁止骑跨钻机，防止断钎引发伤害。

(2)遇卡钻或转速减慢时,应减小轴向推力或停机处理。

(3)引钻开孔及拔钻时应有人协助。开孔时,应慢速运转,待孔深达10～15mm后再逐渐转入全速运转;退钎时,应保持慢速运转,缓慢拔出。

❗禁止戴线手套领钎作业。

(4)钻眼时风、水管不得缠绕、打结,不应用弯折风管的方法停止供气。

高压风清孔,人员应站在侧边,并注意孔眼正前方人员。

❗防止吹出的泥沙伤人。

4.2.3 凿岩台车钻眼安全要求

(1)行走前。

将升降平台、臂架、支腿等完全收回;设专人引导指挥。

(2)行走时。

要缓慢、平稳,上下坡和狭窄地段要加强观察、细致指挥引导。

(3)到位后。

先张开支腿支撑稳固后方可作业,作业过程中严禁移动台车。

(4)作业中。

发现部件损伤或漏油时,应立即停机处理。

❗防止人员坠落;防止损伤臂和导杆。

4.3 超前小导管及锚杆安装

（1）人工安装超前小导管及锚杆时，应保持安全距离，旋转杆件时注意观察。

❗ 防止相互碰撞伤人。

（2）锤击安装不得大力抡锤，抡锤前后不得有人，扶握管、杆人员应使用工具并站在侧方。

❗ 防止大锤滑脱伤人。

（3）风钻顶进安装，应采用配套工具（套筒等形式），缓慢匀速顶进。

❗ 防止顶进过程脱落伤人。

(4)凿岩台车升降平台上安装时,应规范使用安全带。

平台下方严禁有人。

(5)锚杆应采用配套垫板及螺母紧固;锁脚锚杆(管)应采用U形钢筋同拱架焊接牢固。

禁止采用点焊连接。

4.4 网片及拱架安装

(1)网片搭接应密贴岩面,同锚杆等连接牢固。

❗搭接长度不小于一个网格。

(2)两人或多人搬运拱架时,动作应协调一致。

❗信号统一,动作一致。

网片安装

拱架搬运

(3)拱架安装。做好防倾覆措施,禁止使用装载机作为拱架安装的平台。

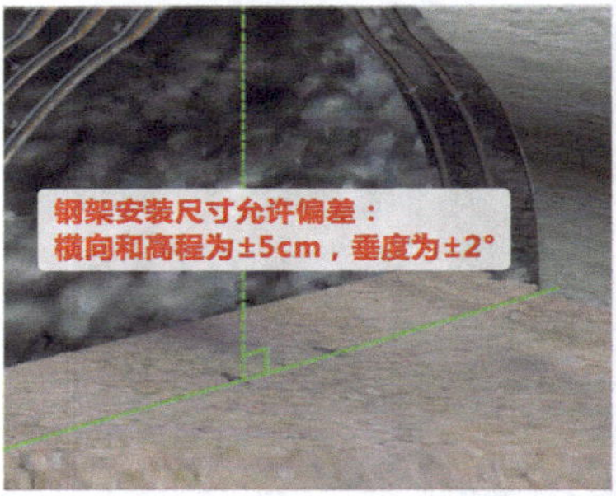

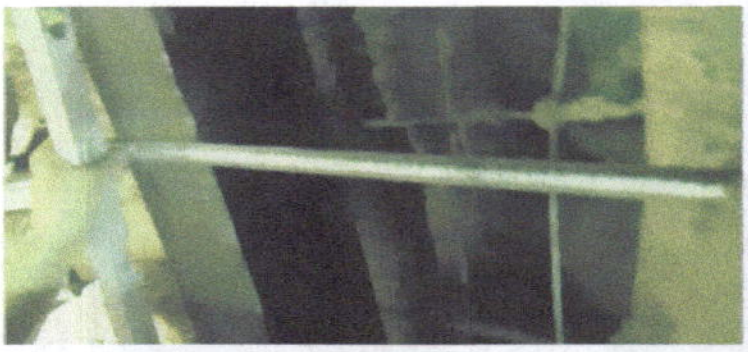

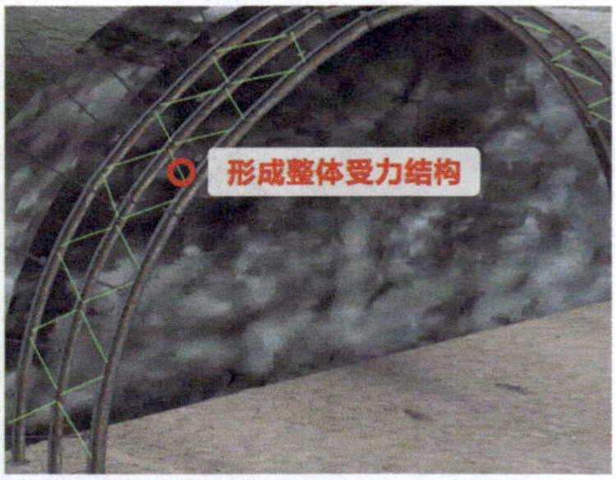

拱架安装要求

拱架按设计间距垂直安装，接头螺栓紧固到位，拱脚基础稳固，必要时加设钢板或混凝土垫块（**提高承载力，减少拱架下沉**），相邻拱架用连接钢筋纵向连接牢固。

❗注意事项：

①拱架安装机作业时，由专业人员操作，高处配合人员规范系挂安全带；

②台阶开挖，严禁两侧拱脚同时悬空；

③焊接作业由持证人员进行操作。

4.5 喷射混凝土安全要求

混凝土喷射设备检查要点

喷 射 设 备	主要检查内容
混凝土湿喷机	· 听设备运行有无异响 · 检查结合板和旋转衬板转向是否正确 · 检查风、水管有无漏水、漏风现象
混凝土喷射机械手	· 检查主控柜各仪表显示是否正常 · 操控手柄是否灵敏有效 · 检查管线有无破损、渗漏

（1）喷浆机及机械手使用前应进行空载试运转，检查有无异常情况。

开机流程：开风 > 开水 > 送电 > 给料

停机流程：停料 > 停电 > 停风 > 停水

(2)开、停机严格按设备要求程序进行。

❗喷嘴前方严禁站人。

应按“先墙后拱,自下而上,由外至内”原则进行喷浆。

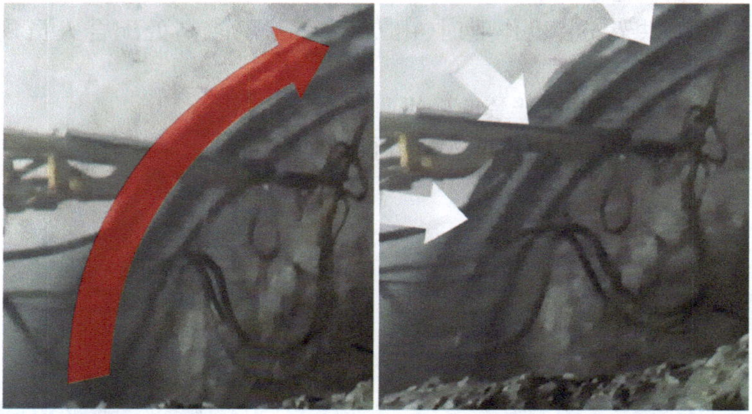

(3)拱架背后超挖部分,应喷浆填满。

❗禁止用片石等进行填塞。

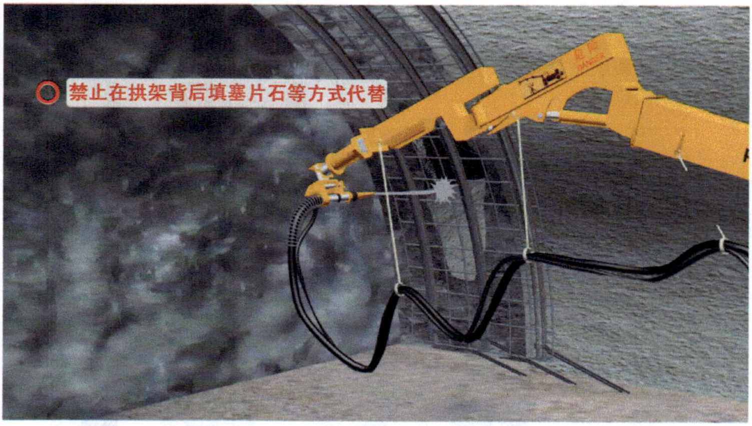

(4)作业中随时观察掌子面围岩变化,发现开裂、掉块、带压出水、异响等现象及时撤离至安全区域。

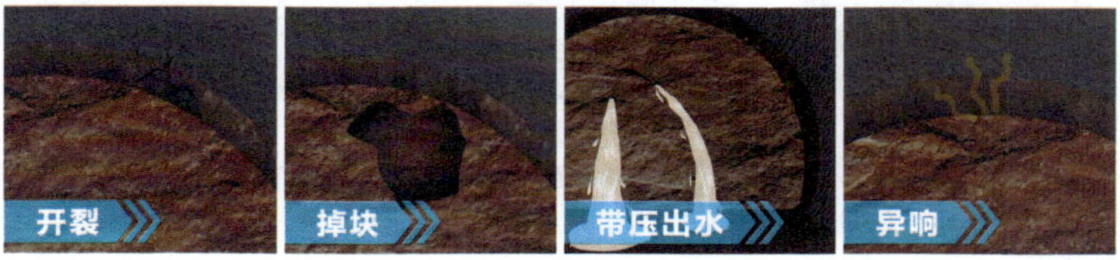

(5)喷浆中，无关人员应当与喷射机械手保持安全距离(**远离铰接区、设备移动路线、伸缩臂工作半径等危险区域**)。

❗严禁在喷浆臂下穿行。

(6)机械手进入作业面应摆放在坚实、平稳的基础上，支撑稳固。

(7)处理堵管等故障时,应先停止喂料,再停电停风,再停机后处理。

❗严禁在运行中将手伸入弯管或料罐,当管道中有压力时,不得拆卸管接头。

(8)喷射结束后,及时清洗喷浆机,规范收整喷浆管件,机械手喷浆臂应放至最低位并可靠支撑。

4.6 注浆安全要求

(1)作业前。

对注浆机防护装置及管线连接情况进行检查确认,并试运转(**听有无异响,检查管路是否有漏水、漏气**)。

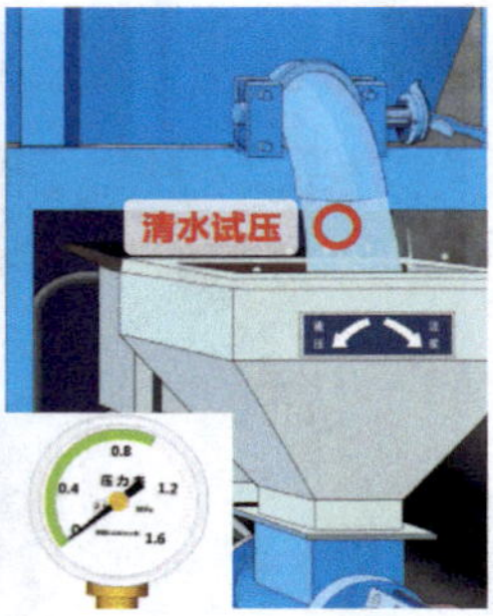

(2)作业中。

注浆时,人员站立在注浆孔侧面(**防止接头脱落伤人**);密切观察围岩、注浆孔及掌子面情况,发现异常,立即撤离。

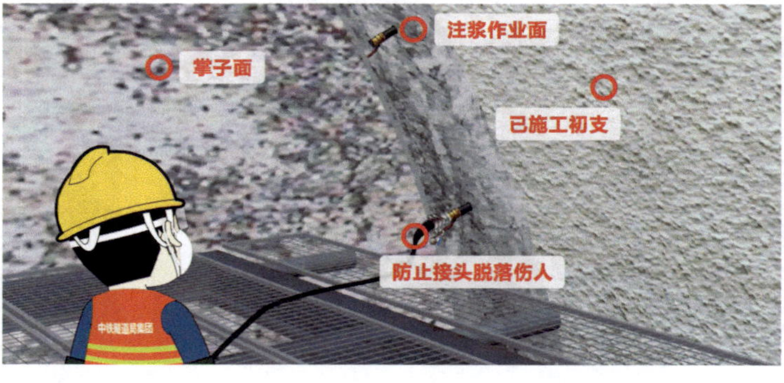

（3）作业中。

注浆过程中，随时观察压力表变化，如超过额定压力应立即停机查明原因；遇突发停电或注浆机故障，及时关闭电源打开卸浆阀卸压后，方可进行拆除、排障工作。

❗ 严禁在运转中检修或拆开防护装置。

(4)作业后。

及时对注浆机进行清洗,并收整场地。

5 PART 隧道工作业风险应对

5.1 隧道坍塌

(1)隧道内支护结构、围岩等出现开裂、掉块、带压出水、异响等危险情况。

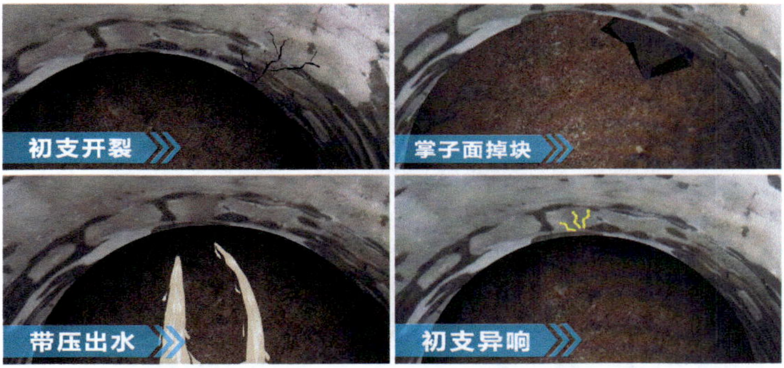

立即上报

通知现场所有人员迅速撤离。

(2)发生关门坍塌,向坍塌段的两端撤离。

立即上报

应设法发出求救信号(**如间隔敲击风水管**),在安全区域静待救援。

❗切忌盲目挖掘坍塌体。

5.2 片帮掉块

(1)注意观察初支段及掌子面围岩层理走向,重点观察围岩是否有开裂、掉块等。

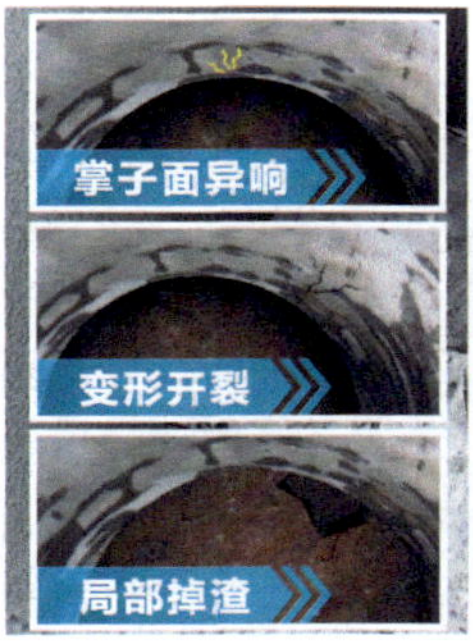

(2)掌子面出现异响、明显变形、局部掉渣等危险信号时,应立即撤离至安全区域。

消除片帮掉块的措施

找顶:进入新暴露的开挖面作业前,按照先机械、后人工,由外至内、由拱至墙的原则逐段找顶,将松动、开裂、有空响的岩块全部清除。

❗禁止重叠作业,无关人员禁止进入。

5.3 突泥涌水

(1)岩溶及富水地段施工,应熟悉逃生路线及救生圈、救生绳等应急物资存放位置并能正确取用。

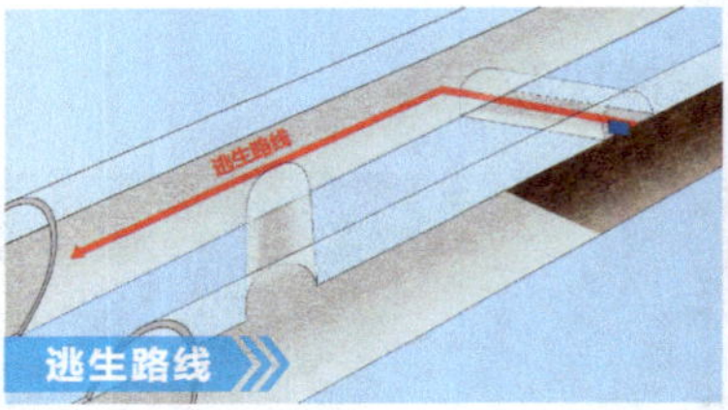

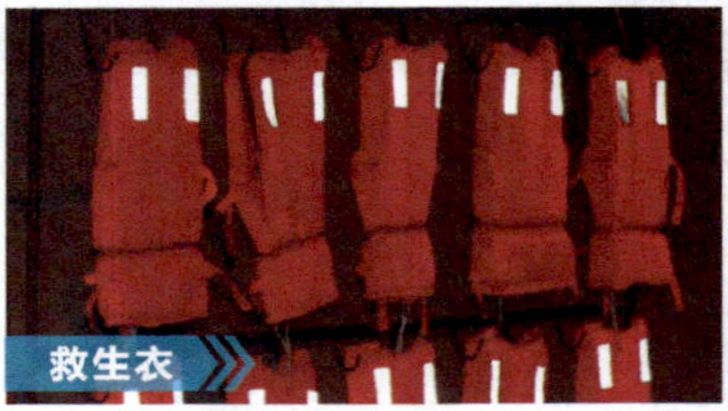

（2）掌子面有异常响声、突然出水，且水量、水压不断增大，有挤压状出泥出沙等，为突泥涌水发生的前兆，立即向洞外撤离并沿途向其他人员发出报警信号。

突泥涌水前兆

(3)突发突泥涌水时,迅速沿既定逃生线路撤离至洞外,尽量通过相邻支洞进行撤离(**避开突泥涌水涌出方向**),不得已时可在台车、台架等顶部暂避。

首选既定逃生线路撤离

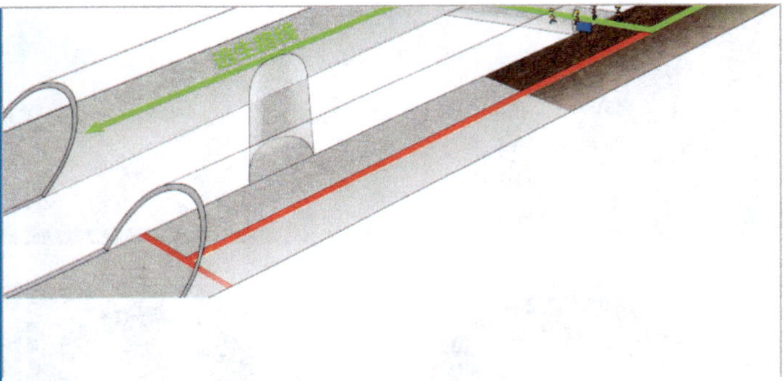

不 得 已

台车、台架顶部暂避

5.4 有毒有害气体

（1）掌握防毒口罩、湿毛巾等过滤有毒有害气体的方法。

（2）高瓦斯区段施工时能熟练使用个人自救器，出现瓦斯超标时应服从瓦检员或安全员的指令。

（3）闻到臭鸡蛋味（**硫化氢**）、呼吸道或眼睛受到刺激感到不适（**二氧化硫、二氧化氮等超标**），出现耳鸣、心慌、头昏、头痛（**一氧化碳超标**）等症状时，应立即撤离到隧道外新鲜空气中。

异常情况

5.5 作业风险应对基本流程

撤离流程图

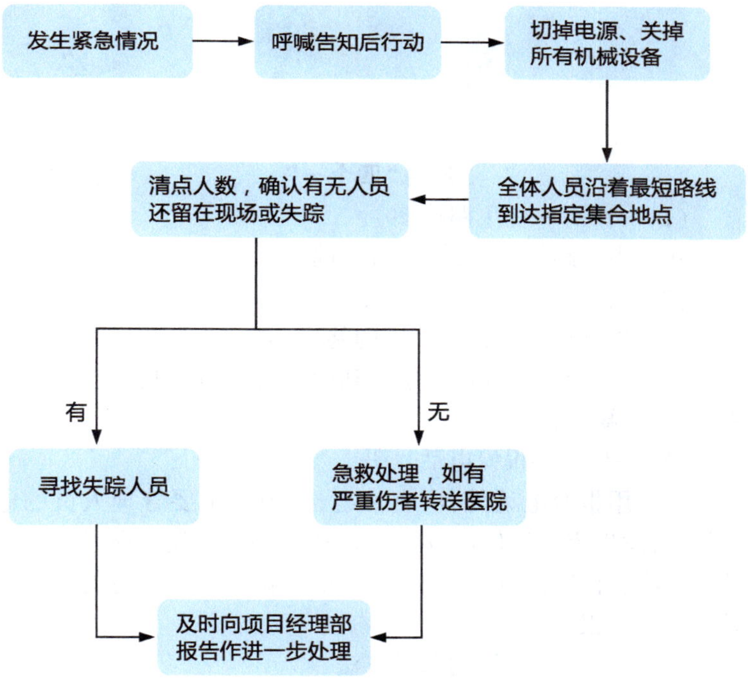

隧道工是高危工种，除以上专门风险应对措施外，还应掌握基本应急措施及流程，掌握应急“四个一”要求，做到准确识别风险，迅速撤离逃生，正确自救互救，有效应对隧道各类施工风险。

应急“四个一”

(1)一图——逃生路线图

熟悉逃生路线,以便快速有效逃生。

(2)一点——紧急集合地点

紧急集合地点是逃生路线的终点,是距离事故发生地最近的安全地点。紧急疏散后,集中到此点,便于班组长点名,核实人数,如有缺员,立即寻救。

(3)一号——报警电话号码

除通用报警电话外,应有班组长、项目主要管理人员的电话号码,发生突发事件后,作为第一发现人,首先要向最容易启动现场应急机制的领导汇报,然后由直接领导向相应的上级领导或部门汇报。

(4)一法——常用的急救方法

发生突发事故或事件后,班组成员的首要任务是抢救身边的伤员,所以应掌握几种常见的急救方法,但不能盲目施救。

隧道工安全口诀

隧道工作有风险　个人防护要全面
大型机械易伤人　保持距离最安全
风水管路防冲脱　高压接头牢连接
湿式钻眼消粉尘　残眼钻孔要严禁
炸药雷管莫乱碰　避炮最少三百米
拱架架立要顶稳　联合支护才可靠
喷浆密实无空洞　喷嘴管口莫对人
异响掉块和异味　警示撤出速应急